ON SOUSCRIT A PARIS:

Chez MM. BOULÉ et Ce, éditeurs, rue Coq-Héron, 3;

Chez MM. { PILOUT et Ce, libraires, rue de la Monnaie, 24;
MARTINON, libraire, rue du Coq-Saint-Horé, 4;
DUTERTRE, libraire, passage Bourg-l'Abbé.

Et chez tous les libraires de Paris et des départemens.

1843

LIVRE
DE LECTURE

POUR

L'ENFANCE CHRÉTIENNE.

MONTMIRAIL,

BRODARD, Imprimeur-Libraire.

1846.

O MARIE PLEINE DE GRACES.

A B C D
E F G H I J
K L M N O
P Q R S T U
V X Y Z Æ
Œ W É È Ê
C. 1 2 3 4 5
6 7 8 9 0.

a b c d e f g
h i j k l m n
o p q r s t u
v x y z æ œ w
fi ffi fl ffl ff ç
: , ; ! ? § ( ) * ' - »

Chiffres romains.

I II III IV V VI VII VIII IX X.

Aa Bb Cc Dd Ee Ff
Gg Hh Ii Jj Kk Ll
Mm Nn Oo Pp Qq
Rr Ss Tt Uu Vv Xx
Yy Zz.

p d b q l h o
y a n m s c i
r e t k u f j z
g x v.

Voyelles.

a e i o u
à è ì ò ù
â ê î ô û
ä ë ï ö ü

Consonnes.

b c d f g h
j k l m n p
q r s t v x z.

Ba	be	bi	bo	bu
Ca	ce	ci	co	cu
Da	de	di	do	du
Fa	fe	fi	fo	fu
Ga	ge	gi	go	gu
Ha	he	hi	ho	hu
Ja	je	ji	jo	ju
Ka	ke	ki	ko	ku
La	le	li	lo	lu
Ma	me	mi	mo	mu
Na	ne	ni	no	nu

Pa pe pi po pu
Qua que qui quo qu
Ra re ri ro ru
Sa se si so su
Ta te ti to tu
Va ve vi vo vu
Xa xe xi xo xu
Za ze zi zo zu

Ab, ac, ad, af, ag, ah, aj, ak, al, am, an, ap, aq, ar, as, at, av, ax, az.

Eb ec ed ef eg eh
ej ek el em en ep
eq er es et ev ex ez.
Ib ic id if ig ih ij ik
il im in ip iq ir is it
iv ix iz.
Ob oc od of og oh
oj ok ol om on op
oq or os ot ov ox oz.
Ub uc ud uf ug uh
uj uk ul um un up
uq ur us ut uv ux uz.

Mots de deux syllabes.

A final.

Ba ba, ca ca, da da.
Dé jà, so fa, ga la.
Ju ra, Li ma, Ca na.
Pa pa, se ra, no ta.
Ja va, mo xa, Za ra.

E muet.

Ro be, pu ce, fa de.
Cè de, ga ge, pi le.
So le, Ro me, da me.
Lu ne, ur ne, ta pe.

Pi pe, ga re, li re.
Tê te, gî te, ac te.
Ra ve, vi ve, lu xe.
Fi xe, ga ze.

É fermé.

Ab bé, su cé, vi dé.
Ca fé, â gé, sa lé.
Fu mé, dî né, du pé.
Cu ré, fu té, le vé, ta xé.

I

Bi bi, ce ci, mi di.
Dé fi, a gi, jo li.

A mi, pu ni, pi pi.
Ma ri, rô ti, ra vi.

o.

Bo bo, co co, do do.
Go go, so lo, zé ro.

u.

Vé cu, do du, ve lu.
É mu, me nu, re pu.
Pa ru, fé tu, re vu.

Mots de trois syllabes.

A.

Ca na da. Ma la ga. o-
pé ra. Pa na ma.

E muet.

A ga te. a ri de. a va re.
Ba na ne. ba di ne. bo-
bi ne. ca ba ne. ca ra fe.
ca po te. Da nu be. dé-
vo te. do ci le. é co le.
é pi ne. étu de. fa ri ne.
fi gu re. fu ti le. ga ba-
re. ga lo pe. ga vo te.
Ju ju be. la cu ne. lé-
gu me. ma da me. ma-
xi me. mo ra le. na ri-

ne. na vi re. na tu re.
Oc ta ve. or ga ne. pa-
ro le. pe ti te. pi lu le.
Po mo ne. Ra ci ne. ri-
go le. ro tu re. sa la de.
sa li ve. so na te. ta pa-
ge. to pa ze. tu li pe. va-
li de. vi ro le. vo lu me.
Zé mi re.

É fermé.

Ca na pé. co lo ré. co-
mi té. dé ci dé. dé pu té

dé ro bé. é cu mé. fa-
go té. fi xi té. ju bi lé.
nu di té. pu re té. ra-
bo té. ré vé ré. re cu lé.
sa le té. ti mo ré. vé ri té.

I.

Al ca li. cé le ri. fa vo ri.

O.

Do mi no. nu mé ro.
la va bo.

U.

Ab so lu. dé te nu. de-

ve nu. dé vo lu. e xi gu.
ob te nu. ré so lu. ré-
vo lu. ré é lu. re ve nu.

Mots de quatre syllabes.

Pa no ra ma. bé né vo-
le. ca ma ra de. ca ra-
bi ne. ca la mi té. cu pi-
dité. dé li ca te. dé li bé-
ré. es ca pa de. fi dé li té
i na ni mé. lé gi ti me.
ma te lot te. ma ca ro-
ni. na ti vi té. pa ra do-

xe. ra pi di té. ri di cu-
le. sé vé ri té. so li tu de.
ti mi di té. u na ni me.
vo la til le. zi be li ne.

Consonnes doubles.

Ch, gn, ll, ph,
Mou-che, ro-gne, fi-lle,
phi-lo-so-phe.

Cha, che, chi, cho,
chu, cheu, chou, chon,
choi, chan.

Un bon chou, la va-che mar-che.

Mou-che ton nez, ca-che ton mou-choir.

Ti-re le bou-chon, por-te le man-chon.

Ar-ra-che-toi un che-veu.

Gna, gne, gni, gno, gnu, gneu, gnou, gnon, gnan.

Le co-chon gro-gne, on se co-gne la tê-te, une ma-li-gne bê-te, une si-gna-tu-re net-te, un gro-gnon gro-gne, le ro-gneur ro-gne, un chien é-pa-gneul.

Ail, aille, eille, eil, ille, euil, euille, ouil, ouille.

La gen-tille cor-beille, le so-leil bril-le, il se réveilla ma-tin, il a sommeil, on taille la vi-gne, le feu pé-tille, vi-de la bou-teille, le pa-pillon se po-se sur le treil-lage, il a tra-vail-lé, fouille dans ta po-che, effeuille la bran-che, le bou-vreuil chan-te, il lui a con-seillé la bienveil-lance, voi-là un bon bouil-lon.

Pha, phe, phi, pho, phu, pheu, phon, phan.

Un pha-re est un si-gnal de feu pour a-ver-tir de loin les na-vi-res sur la mer.

Le phé-nix est un oi-seau très ra-re, on é-cou-te une sym-pho-nie, on se cou-che sur le so-pha, Phi-lip-pe a été gro-gnon.

† Au nom du Père, et du Fils, et du St-Esprit. Ainsi soit-il.

L'Oraison Dominicale.

No tre | Pè re, | qui ê tes | aux | cieux, | que vo tre | nom | soit | sanc- ti fié; | que | vo tre | rè- gne | ar ri ve; | que | vo- tre | vo lon té | soit | fai te | en la | ter re | com me | au ciel : | don nez-nous | aujour d'hui | no tre | pain quo ti dien ; | par don- nez-nous | nos | of fen- ses | com me | nous | les par don nons | à | ceux qui | nous | ont | of fen- sés , | et | ne | nous | lais- sez | pas | suc com ber à | la | ten ta tion ; | mais dé li vrez-nous | du | mal. Ain si soit-il.

La Salutation angélique.

Je | vous | sa lue, | Ma rie, | plei ne | de grâ ce ; | le | Sei gneur est | avec | vous ; | vous ê tes | bénie | en tre tou tes | les | fem mes, et | Jé sus | le | fruit | de vos | en trail les | est | béni. | Sain te | Ma rie, mè re | de | Dieu, | priez pour | nous, | pau vres pé cheurs, | main te- nant | et | à | l'heu re de | no tre | mort. | Ainsi soit-il.

Le Symbole des Apôtres.

JE | crois | en | Dieu, le | Père | tout-puis sant, cré a teur | du | ciel | et de | la | ter re, | et | en Jé sus-Christ | son | fils u ni que | no tre | Sei- gneur; | qui | a | été con çu | du | Saint-Esprit, | est | né | de | la | Vier ge | Ma rie : | a souf fert | sous | Pon ce-Pi la te ; | a | été | en se ve li ; | est | des cen du aux | en fers, | et | le troi siè me | jour | est res sus ci té | des | morts ; est | monté | aux | cieux, est | as sis | à | la | droi te de | Dieu | le | Père tout-puis sant, | d'où | il vien dra | ju ger | les | vivants | et | les | morts. Je | crois | au | Saint-Esprit ; | la sainte | Égli se ca tho li que ; | la com mu nion | des | Saints ; la | ré mis sion | des | péchés ; la | ré sur rec tion de | la chair ; | la | vie | é ter nel le. | Ainsi soit-il.

La Confession des péchés.

Je | con fesse | à Dieu | tout-puis sant, | à la | bien hen reu se Ma rie | tou jours | Vierge, | à saint | Mi chel Ar chan ge, | à saint Jean-Bap tiste, | aux Apô tres | saint | Pierre et | saint Paul, | à | tous les | saints, | et | à | vous, mon | Pè re, | que | j'ai beau coup | péché, | par pen sées, | par | pà ro- les, | par | ac tions | et par, | o mis sions ; | c'est ma | faute, | c'est | ma fau te, | c'est | ma | très gran de | fau te : | c'est pour quoi | je | sup plie la | bien heu reu se | Ma- rie | tou jours | Vier ge, saint | Mi chel | Ar chan- ge, | saint | Jean - Baptis te, | les | A pô tres saint | Pier re | et | saint Paul, | tous | les | Saints et | vous, | mon | Pè re, de | prier | pour | moi le | Sei gneur | no tre Dieu.

Que | le Dieu | tout-puis sant | nous | fas se mi sé ri cor de, | qu'il nous | par don ne | nos pé chés | et | nous | condui se | à | la | vie | é ter-nel le. | Ain si soit-il.

Que | le | Sei gneur tout-puis sànt | et | mi-sé ri cor dieux | nous ac cor de | l'in dul gen-ce, | l'ab so lu tion | et la | ré mis si on | de | nos pé chés. Ainsi soit-il.

ACTES DES VERTUS THÉOLOGALES.

Acte de Foi.

Mon | Dieu, | je | crois fer me ment | tout | ce que | la | sain te | Égli se ca tho li que, | a pos to- li que | et | ro mai ne m'or don ne | de | croi- re, | par ce | que | c'est vous, | ô | vé ri té | sou- ve rai ne ! | qui | le | lui a vez | ré vé lé.

Acte d'Espérance.

Mon | Dieu, | j'es pè- re, | a vec | une | fer me con fi an ce, | que | vous me | don ne rez, | par les | mé ri tes | de | Jé- sus-Christ, | vo tre | grâ- ce | en | ce | monde ; | et si | j'ob ser ve | vos | com- man de ments, | vo tre gloi re | en | l'autre, par ce | que | vous | me l'a vez | pro mis, | et | que vous | ê tes | sou ve rai-ne ment | fi dè lē | dans vos | pro mes ses.

Acte de Charité.

Mon | Dieu, | je | vous ai me | de | tout | mon cœur, | de | tout | mon es prit, | de | tou te | mon â me, | de | tou tes | mes forces, | et | par-des sus tou tes | cho ses, | par ce

que | vous | ê tes | in fi-
ni ment | bon, | in fi ni-
ment | ai ma ble ; | et
j'ai me | aus si | mon
pro chain | com me
moi-mê me, | pour | l'a-
mour | de | vous.

Acte de Contrition.

Mon | Dieu, | j'ai | un
ex trê me | re gret | de
vous | a voir | of fen sé,
par ce | que | vous | ê tes

in fi ni ment | bon, | in-
fi ni ment | ai ma ble,
et | que | le | pé ché | vous
dé plaît, | par don nez-
moi | par | les | mé ri tes
de | Jé sus - Christ, | je
me | pro po se, | moyen-
nant | vo tre | sain te | grâ-
ce, | de | ne | plus | vous
of fen ser | et | de | fai re
pé ni ten ce.

DEVOIRS
D'UN ENFANT CHRÉTIEN
Envers Dieu et le Prochain.

1. RE TOUR NEZ | de l'É co le | à | la | Mai son, sans | vous | ar rê ter | par les | rues ; | mo des te ment, c'est-à-di re, sans cri er | ni | of fen ser per son ne. | Au | contrai re, | si | l'on | vous

offense, | en du rez-le pour | l'a mour | de | Notre | Seigneur, | et | dites en | vous-même : Dieu vous | donne | la | grâce de | vous | repentir | de votre | faute, et | vous pardonne | comme | je vous | pardonne.

2. Gardez-vous | bien de | jurer, de | vous | mettre | en | colère, | de | di-

re | des | pa ro les | mal-
sé an tes, de | fai re | au-
cu ne | ac ti on | dés hon-
nê te.

3. Quand | vous | pas-
sez | de vant | quel que
Croix, ou | quel que | I-
ma ge | de | No tre-Sei-
gneur, | de | la | Très-
Sain te | Vier ge | ou | des
Saints, fai tes | u ne | res-
pectueuse|in cli na ti on.

4. Quand | vous | ren- con tre rez | quel que per son ne | de | vo tre con nais san ce, sa lu ez- la | le | pre mier, | par ce que | c'est | une | ac ti on d'hu mi li té.

5. Sa lu ez | les | per- son nes | que | vous | ren- con tre rez, | se lon | la cou tu me | du | lieu | et l'ins truc ti on | qu'on

vous | au ra | don née.

6. Quand | vous | en- tre rez | chez | vous | où dans | quel que | au tre mai son, sa lu ez | ceux que | vous | y | trou ve- rez.

7. Quand | vous | fe- rez | quel que | ac ti on, faites | dé vo te ment | le si gne | de | la | sain te Croix, a vec | in ten ti on

de | fai re | au | nom | de Dieu, | et | pour | sa gloi re, | ce | que | vous al lez | fai re.

8. Quand | vous | par-lez | avec des | per son nes de | con si dé ra ti on, ré pon dez | hum ble-ment : Oui, Mon sieur, ou | Ma da me, | se lon qu'on | vous | in ter ro-ge ra.

9. Si | ceux | qui | ont pou voir | sur | vous vous | com man dent quel que | cho se | qui soit | hon nê te, et | que vous | puis si ez | fai re, o bé is sez-leur | vo lon- tiers | et | promp te- ment.

10. Si | l'on | vous com man dait | de | di re quel que | pa ro le | ou

de | fai re | quel que | ac ti on | mau vai se, | ré pon dez | que | vous | ne le | pou vez | point | fai re, | par ce | que | ce la dé plaît | à | Dieu.

11. Quand | vous vou drez | man ger, | la vez - vous | pre miè re ment | les | mains, | puis di tes | le B<small>E NE DI CI TE</small>, ou | une | au tre | pri è re,

a vec | pi é té | et | mo-
des tie.

12. Lors que | vous
au rez | be soin | de
pren dre | quel que
cho se | en tre | les | re-
pas, | vous | fe rez | bien
de | di re | au pa ra vant
u ne | cour te | pri è re,
com me | se rait | cel le-
ci : Mon | Dieu | bé nis-
sez-moi.

13. Tou tes | les | fois que | vous | no mme rez ou | en ten drez | nom- mer | Jésus | ou Marie, vous | fe rez | une | in cli- na tion | res pec tu eu se.

14. Gar dez - vous bien, | à | ta ble | ou ail leurs, | de | de man- der, | de | pren dre | ou de | sous trai re | en | ca- chet te, | ou | au tre-

ment, | ce | qu'on | au-ra | ser vi, | et | mê me vous | ne | le | de vez | pas re gar der | avec | en-vie.

15. Quand | on | vous don ne ra | quel que cho se, | re ce vez-le a vec | res pect, | et | re-mer ci ez | ce lui | ou cel le | qui | vous | l'au-ra | do nné.

16. Ne | vous | as-sey ez | point | à | ta ble si | l'on | ne | vous | y | in-vi te.

17. Man gez | et | bu-vez | dou ce ment | et ho nnê te ment, | sans a vi di té | et | sans | ex-cès.

18. A | la | fin | de | cha-que | re pas, | dites | dé-vo te ment | les | Grâ ces,

en sui te | sa lu ez | res-
pec tu eu se ment | les
per so nnes | a vec | les-
quel les | vous | a vez | pris
vo tre | re pas, | et | re-
mer ciez | ceux | qui
vous | ont | in vi té.

19. Ne | sor tez | point
de | vo tre | mai son | sans
en | de man der | et | sans
en | avoir | ob te nu | la
per mis si on.

20. N'al lez | point a vec | les | en fants | vi ci eux | et | mé chants, car | ils | peu vent | vous nui re | pour | le | corps et | pour | l'â me.

21. Quand | vous | au rez | em prun té | quel que | cho se, | ren dez-le au | plus | tôt, | et | n'at ten dez | pas | qu'on vous | le | de man de.

22. Lors que | vous au rez | à | par ler | à quel que | per so nne d'au to ri té | qui | se ra oc cu pée, | pré sen tez-vous | a vec | res pect, et | at ten dez | qu'el le ait | le | loi sir | de | vous par ler | et | qu'el le | vous de man de | ce | que | vous lui | vou lez.

23. Si | quel qu'un

vous | re prend, | ou vous | do nne | quel que a ver tis se ment, | re- mer ciez-le | a vec | hu- mi li té.

24. Ne | tu toy ez | per so nne, | non | pas | mê- me | les | ser vi teurs, | les ser van tes | et | les | pau- vres.

25. Al lez | au-de- vant | de | ceux | qui | en-

trent | chez | vous, | pour les | sa lu er.

26. Si | quel qu'un de | ceux | de | la | maison, | ou | autre, dit | ou fait | en | vo tre | présen ce, | quel que | chose | de | mal-à-pro pos | et in di gne | d'un | chrétien, | té moi gnez | par quel que | si gne | la

pei ne | que | vous | en res sen tez.

27. Quand | les | pau-vres | de man dent | à vo tre | por te, | pri ez vo tre | père, | ou | votre mè re, | ou | ceux | chez qui | vous | de meu rez, de | leur | fai re | l'au mô-ne | pour | l'a mour | de Dieu, | fai tes - la - leur vous-mê me | lors que

vous | le | pou vez.

28. Le | soir, | a vant de | vous | al ler | cou-cher, a près | a voir | sou-hai té | le | bon soir | à vos | pa rents, | ou | au-tres, | met tez - vous | à ge noux, | au près | de vo tre | lit, | ou | de vant quel que | i ma ge, | et di tes | vo tre | Pri è re a vec | at ten tion | et | dé-

vo ti on. | En sui te, pre nez | de | l'eau | bé ni te, | et | fai tes | le | si gne | de | la | sain te Croix | sur | vous | et | sur vo tre | lit.

29. Le | ma tin, | en vous | le vant, fai tes | le si gne | de | la | sain te Croix, | et | é tant | ha bil lé, | met tez-vous | à ge noux, et | di tes | dé-

vo te ment | la | Pri è re du | ma tin. | En sui te, sou hai tez | le | bon jour à | vos | pa rents | et | autres | per so nnes | de | la mai son.

30. Tous | les | jours, si | vous | le | pou vez, en ten dez | la | Sain te Mes se | dé vo te ment; pri ez | pour | vos | pa rents

vi vants | et | morts, a vec dé vo ti on.

31. C'est | u ne | sain te pra ti que | de | di re l'An gé lus | le | ma tin, à | mi di | et | le | soir.

32. Soy ez | tou jours prêt | à | al ler | à l'É co-le, | et | ap pre nez | soi-gneu se ment | les | cho-ses | que | vos | maî tres vous | en sei gnent :

soy ez-leur | bien | o bé-
is sant | et | res pec tu-
eux.

33. Gar dez - vous
bien | de | men tir | en
quel que | ma ni è re
que | ce | soit ; | car | les
men teurs | sont | les | en-
fants | du | dé mon | qui
est | le | père | du | men-
son ge.

34. Sur tout, | gar-

dez-vous | de | dé ro ber au cu ne | cho se, ni chez | vous, ni | ail leurs, par ce | que | c'est | of fen-ser | Dieu, | c'est | se | ren-dre | o dieux | à | tout | le mon de, | et | pren dre le | che min | d'u ne | mort in fâ me.

35. En fin | tous | vos soins | doi vent | ten dre à | vous | ren dre | agré-

à ble | à | Dieu, | a fin qu'a près | cet te | vie vous | soyez | pré ser vé de | l'en fer | et | ré com- pen sé | dans | le | ciel.

Ain si soit-il.

PRIÈRES

PENDANT LA MESSE.

Au commencement de la Messe.

☦ In nomine Patris, et Filii, et Spiritûs Sancti. Amen.

Sei gneur, fai tes-moi | la | grâ ce de | me | fai re | en trer | dans | les dis po si ti ons | où | je | dois | ê- tre | pour | vous | of frir | di gne- ment | a vec | le | Prê tre | cet | au- gus te | Sa cri fi ce. Je | vous | l'of- fre, mon | Dieu, en | m'u nis sant aux | in ten ti ons | de | Jé sus- Christ | et | de | l'É gli se, pour | ren-dre | à | votre | di vi ne | ma jes té l'hom ma ge | sou ve rain | qui | lui est | dû, pour | vous | remercier | de tous | vos | bien faits, pour | sa tis- fai re | pour | tous | les | pé chés | du monde, et | par ti cu li è re ment pour | les | miens, et | pour | ob- te nir, | par | Jé sus-Christ | vo tre Fils, tou tes | les | grâ ces | dont | j'ai be soin.

Au Confitéor.

Quoi que, pour | con naî tre | mes pé chés, ô | mon | Dieu ! | vous | n'a- yez | pas | be soin | de | ma | con fes- si on, et | que | vous | li siez | dans mon | cœur | tou tes | mes | i ni qui- tés, je | vous | les | con fes se | pourtant | à | la | fa ce | du | ciel | et | de la | terre, j'a voue | que | je | vous ai | of fen sé | par | mes | pen sées, par | mes | pa ro les | et | par | mes ac ti ons. J'en | dis | ma | coul pe, et | je | vous | de man de | très- hum ble ment | par don. Vierge sain te, An ges | du | ciel, Saints | et Sain tes | du | Pa ra dis, pri ez pour | nous ; et, pen dant | que nous | gé mis sons | dans | cet te val lée | de | mi sè re | et | de | lar- mes, de man dez | grâ ce | pour nous, et | ob te nez-nous | le | par- don | de | nos | pé chés.

Quand le Prêtre monte à l'autel.

J'a do re, Sei gneur, vo tre | mi-

sé ri cor de, qui | veut | bien | per-
met tre | que | le | Prê tre | s'ap pro-
che | de | vo tre | sanc tu ai re | pour
nous | ré con ci li er | a vec | vous :
dé trui sez | par | vo tre | bon té
tous | les | obs ta cles | qui | pour-
raient | re tar der | cet te | ré con-
ci li a ti on , et | nous | em pê cher
de | ren trer | dans | vo tre | a mi tié.

A l'Introït.

C'est | vous, Sei gneur, qui | avez
ins pi ré | aux | Pa tri ar ches | des
dé sirs | si | ar dents | de | voir
des cen dre | vo tre | Fils | u ni que
sur | la | terre ; com mu ni quez-
moi | quel que | cho se | de | cet te
sainte | ar deur, et | fai tes | que,

mal gré | les | mi sè res | et | les em bar ras | de | cet te | vie, je res sen te | en | moi | un | saint em pres se ment | de | m'u nir | à vous.

Au Kyrie eleïson.

Je | vous | de man de, ô | mon Dieu ! par | des | gé mis se ments et | des | sou pirs | ré i té rés, que vous | me | fas siez | mi sé ri cor de, et | quand | je | vous | di rais | à | tous les | mo ments | de | ma | vie : Seigneur, ayez | pitié | de | moi, ce ne | se rait | pas | en co re | as sez pour | le | nom bre | et | pour | l'énor mi té | de | mes | pé chés.

Au Gloria in excelsis.

La | gloi re | que | vous | mé ritez, ô | mon | Dieu ! ne | vous | peut être | di gne ment | ren due | que dans | le | ciel : mon | cœur | fait tout | ce | qu'il | peut | sur | la | ter re au | mi lieu | de | son | exil ; il | vous loue, il | vous | bé nit, il | vous a do re, il | vous | glo ri fie, il | vous rend | grâ ce, il | vous | re con naît pour | le | Saint | des | Saints, et le | Sei gneur | sou ve rain | du | ciel et | de | la | ter re, Pè re, Fils | et Saint-Es prit.

Aux Oraisons.

Re ce vez, Sei gneur, les | pri è res | qui | vous | sont | a dres sées pour | nous ; ac cor dez-nous | les grâ ces | et | les | ver tus | que | l'Égli se, vo tre | é pou se, vous | de man de | en | no tre | fa veur. Il est | vrai | que | nous | ne | mé ri tons | pas | que | vous | nous | é cou tiez, mais | con si dé rez | que | nous vous | de man dons | tou tes | ces grâ ces | par | Jé sus-Christ | votre Fils, qui | vit | et | rè gne | a vec vous | dans | tous | les | siè cles | des siè cles. Ain si soit-il.

A l'Épître.

Je | re gar de | cet te | É pî tre, ô | mon | Dieu ! com me | u ne | let tre | qui | me | vient | du | ciel, pour m'ap pren dre | vos | vo lon tés a do ra bles. Ac cor dez-moi, s'il vous | plaît, la | for ce | dont | j'ai be soin | pour | ac com plir | ce que | vous | m'or don nez. C'est vous, Sei gneur, qui | avez | ins pi ré | aux | Pro phè tes | et | aux | Apô tres | ce | qu'ils | ont | é crit ; fai tes moi | un | peu | part | de | leurs lu miè res, met tez | en | mê me temps | dans | mon | cœur | une é tin cel le | du | feu | sa cré | qui les | a | em bra sés, a fin | que | com me | eux | je | vous | ai me | et | je vous | ser ve | sur | la | ter re.

A l'Évangile.

Je | me | lè ve, ô | sou ve rain Lé gis la teur ! pour | té moi gner que | je | suis | prê te | à | dé fen dre, aux | dé pens | de | tous | mes in té rêts | et | de | ma | vie | mê me, les | vé ri tés | é ter nel les | qui sont | con te nues | dans | le | saint E van gi le. Fai tes-moi | la | grâce | d'a voir | au tant | de | fi dé li té à | ac com plir | vo tre | di vi ne pa ro le, | que | vous | m'ins pi rez de | fer me té | pour | la | croi re.

Au Credo.

Oui, mon | Dieu, je | crois | toutes | les | vé ri tés | que | vous | avez | ré vé lées | à | vo tre | sain te É gli se : il | n'y | en | a | pas | u ne seu le | pour | la quel le | je | ne vou lus se | don ner | mon | sang ; et | c'est | dans | cet te | fi dè le sou mis sion | que, m'u nis sant in té rieu re ment | à | la | pro fessi on | de | foi | que | le | Prê tre vous | fait | de | bou che, je | dis à | pré sent | d'es prit | et | de | cœur, com me | il | vous | le | dit | de | vi ve voix, que | je | crois | fer me ment en | vous ; et | je | vous | pro tes te que | je | veux | vi vre | et | mou rir dans | les | sen ti mens | de | cet te foi | pu re, et | dans | le | sein | de l'É gli se | Ca tho li que, A pos tolique | et | Ro mai ne.

A l'Offertoire.

Quoi que | je | ne | sois | qu'u ne cré a tu re | mor tel le | et | pé cheres se, je | vous | of fre, par | les mains | du | Prê tre, ô | vrai | Dieu vi vant | et | é ter nel ! cette | Hostie | sans | ta che | et | ce | pré cieux Ca li ce, qui | doi vent | ê tre | changés | au | corps | et | au | sang | de Jé sus-Christ | vo tre | Fils : re cevez, Sei gneur, ce | sa cri fi ce i nef fa ble | en | o deur | de | su a vi té, et | souf frez | que | j'u nisse | à | cet te | o bla ti on | sain te le | sa cri fi ce | que | je | vous | fais de | mon | corps | et | de | mon âme, de | mes | biens, de | ma | vie et | de | tout | ce | qui | m'ap partient.

Quand le Prêtre lave ses doigts.

La vez-moi, Sei gneur, dans | le sang | de | l'A gneau, a fin | que,

pu ri fi ée | de | tou tes | mes | ta-
ches, et | re vê tue | de | la | ro be
nup ti a le | de | vo tre | grâ ce, je
puis se | es pé rer | d'ê tre | un | jour
ad mis | au | fes tin | que | vous
pré pa rez | à | vos | É lus | dans | le
ciel.

A la Préface.

Il | est | temps, ô | mon | âme !
de | vous | é le ver | au-des sus | de
tou tes | les | cho ses | d'i ci - bas.
At ti rez, Sei gneur, at ti rez | vous-
mê me | nos | cœurs | jus qu'à | vous,
et | souf frez | que | nous | u nis-
si ons | nos | fai bles | voix | aux
di vins | con certs | des | Es prits
bien heu reux, et | que | nous | di-

si ons | dans | lé | lieu | de | no tre e xil, ce | qu'ils | chan tent | é ter- nel le ment | dans | le | sé jour | de la | gloi re : Saint, Saint, Saint, est le | Dieu | que | nous | a do rons, le | Sei gneur, le | Dieu | des | ar- mées.

Au Canon.

Pè re | é ter nel, qui | ê tes | le sou ve rain | Pas teur | des | pas- teurs, con ser vez | et | gou ver nez vo tre | É gli se ; sanc ti fi ez-la | et ré pan dez-la | par | tou te | la | ter- re. U nis sez | tous | ceux | qui | la com po sent | dans | un | mê me cœur. Bé nis sez | no tre | saint | Pè- re | le | Pa pe, no tre Roi, no tre

Pas teur, et | tous | ceux | qui | sont dans | la | foi | de | vo tre | É gli se.

Au premier Memento.

Je | vous | sup plie, ô | mon Dieu ! de | vous | sou ve nir | de mes | pa rents, de | mes | amis, de mes | bien fai teurs | spi ri tu els et | tem po rels. Je | vous | re com man de | aus si | de | tout | mon cœur | les | per son nes | de | qui | je pour rais | avoir | reçu | quel ques mau vais | trai te ments : ou bli ez leurs | pé chés | et | les | miens ; don nez-leur | part | aux | mé ri tes de | ce | di vin | Sa cri fi ce, et | com blez-les | de | vos | bé né dic ti ons dans | ce | mon de | et | dans | l'au tre.

A l'élévation de l'Hostie.

O | Jésus ! mon | Sau veur ! vrai Dieu | et | vrai | Hom me, je | crois que | vous | ê tes | ré el le ment | présent | dans | cet te | sain te | Hos tie ; je | vous | y | a do re | de | tout | mon cœur.

A l'élévation du Calice.

O | pré ci eux | Sang, qui | a vez é té | ré pan du | pour | nous | sur la | croix ! je | vous | a do re. Guéris sez-moi, pu ri fi ez-moi, sancti fiez - moi. Lais sez, Sei gneur, lais sez | cou ler | une | gout te | de ce | sang | a do ra ble | sur | mon âme, a fin | de | la ver | ses | ta ches, et | de | l'em bra ser | du | feu | sacré | de | vò tre | a mour.

Au second Memento.

Sou ve nez-vous, Sei gneur, des â mes | qui | souf frent | dans | le Pur ga toi re, el les | ont | l'honneur | de | vous | ap par te nir | et d'ê tre | vos | é pou ses : e xau cez par ti cu liè re ment | cel les | pour qui | je | suis | o bli gée | de | prier.

Au Pater.

Quoi que | je | ne | sois | qu'u ne mi sé ra ble | cré a tu re, ce pendant, grand | Dieu, je | prends | la li ber té | de | vous | ap pe ler | mon Père : vous | le | vou lez, Sei gneur, fai tes-moi | donc | la | grâ ce | de ne | me | pas | ren dre | in di gne de | la | qua li té | de | vo tre | enfant. Que | vo tre | saint | nom | soit bé ni | à | ja mais. Ré gnez | ab so- lu ment | dans | mon | cœur, a fin que | j'ac com plis se | vo tre | vo- lon té | sur | la | ter re, com me les | Saints | font | dans | le | ciel. Vous | ê tes | mon | Pè re, don nez- moi | donc, s'il | vous | plaît, ce pain | cé les te | dont | vous | nour- rissez | vos | enfants. Par don nez- moi, comme | je | par don ne | de bon | cœur, pour | l'a mour | de vous, à | ceux | qui | m'au raient of fen sé. Ne | per met tez | pas que | je | suc com be | ja mais | à au cu ne | ten ta tion; mais | fai tes que, par | le | se cours | de | vo tre

grâ ce, je | tri om phe | de | tous | les
en ne mis | de | mon | sa lut.

A l'Agnus Dei.

Di vin | A gneau | qui | avez | bien
vou lu | vous | char ger | des | pé-
chés | du | mon de, a yez | pi tié
de | moi : je | suis | ac ca blé | du
poids | et | de | l'é nor mi té | des
miens. Por tez-les, mon | Jé sus,
por tez-les, puis qu'en les | por-
tant | vous | les | ef fa ce rez, et
qu'en | les | ef fa çant | vous | me
don ne rez | vo tre | paix | et | vo tre
a mour.

Au Domine, non sum dignus.

Hé las ! Sei gneur, il | n'est | que
trop | vrai | que | je | ne | mé ri te
pas | de | vous | re ce voir, je | m'en

suis | ren du | tout | à | fait | in di-
gne | par | mes | pé chés : je | les
dé tes te, par ce | qu'ils | m'ont
é loi gnée | de | vous. Rap pro chez-
m'en, ô | mon | Dieu! en | me | par-
lant | au | fond | du | cœur | et
m'ex ci tant | à | la | pé ni ten ce.

A la Communion.
Lorsqu'on ne communie pas réellement.

O | mon | ai ma ble | Jé sus! si | je
n'ai | pas | au jour d'hui | le | bon-
heur | d'ê tre | nour ri | de | vo tre
chair | a do ra ble, souf frez | du
moins | que | je | vous | re çoi ve
d'es prit | et | de | cœur, que | je
m'u nis se | à | vous | par | la | foi,
par | l'es pé ran ce | et | par | l'a-
mour. Je | crois | en | vous, je | vous

ai me | de | tout | mon | cœur, je vou drais | être | en | é tat | de | vous re ce voir | dans | ce | di vin | Sa cre ment | avec | tou tes | les | dis po si ti ons | que | vous | sou hai te ri ez | de | moi.

Lorsqu'on doit communier réellement, au lieu de l'article précédent on dira ce qui suit :

Quel le | bon té, ô | mon | Dieu ! que, mal gré | mon | in di gni té, vous | vou liez | bien | que | je m'ap pro che | de | vous ! Pré pa rez donc | vous - mê me | en | moi | vo tre | de meu re, don nez-moi | les dis po si ti ons | sain tes | que | je dois | a voir, u ne | foi | vi vè, u ne es pé ran ce | fer me, un | a mour sin cè re, un | ar dent | dé sir | d'être | tout | à | vous, com me | vous al lez | ê tre | tout | à | moi, et | u ne cor res pon dan ce | plei ne | et | en tiè re, qui | me | fas se | en tre te nir | à | ja mais | l'u ni on | sa crée que | vous | vou lez | bien | que j'aie | a vec | vous.

Quand le Prêtre ramasse les particules de l'Hostie.

Sei gneur, la | moin dre | par tie de | vos | grâ ces | est | in fi ni ment pré cieu se ; je | l'ai | dit, je | ne mé ri te | pas | d'ê tre | as sis | à vo tre | ta ble | com me | vos | a mis ; mais | per met tez-moi | du moins | que | je | ra mas se | les miet tes | qui | en | tom bent, com me | la | Ca na né en ne | le | dési rait. Fai tes | que | je | ne | né gli ge | au cu ne | de | vos | ins pi ra ti ons, puis que | cet te | né gli gen ce pour rait | vous | obli ger | à | m'en pri ver | en tiè re ment.

Pendant les dernières Oraisons.

Vous | vou lez, Sei gneur, que vos | fi dè les | vous | prient | tou jours, par ce | qu'ils | ont | tou jours be soin | de | vos | grâ ces, et | que les | tré sors | de | vo tre | mi sé ri cor de | sont | iné pui sa bles ; ré pan dez | en | nous | cet | es prit d'hu mi li té ; de | con fi an ce | et d'a mour, a fin | que, nous | a dres sant | à | vous | com me | vous | le sou hai tez, nous | mé ri ti ons d'ê tre | exau cés ; Par | J.-C. | vo tre Fils, qui | vit | et | rè gne | a vec vous | dans | la | gloi re.

Avant la Bénédiction.

Sain te | et | a do ra ble | Tri ni té, sans | com men ce ment | et sans | fin, c'est | par | vous | que nous | a vons | com men cé | ce Sa cri fi ce, c'est | par | vous | que nous | le | fi nis sons! dai gnez | l'a voir | pour | a gré a ble ; et | com me | vous | ê tes | en | vous-mê me un | a bî me | de | ma jes té, so yez aus si | pour | nous | un | a bî me de | mi sé ri cor de, et | ne | nous ren vo yez | pas | sans | nous | a voir | don né | vo tre | sain te | bé né dic ti on.

Pendant le dernier Évangile.

Ver be | é ter nel, par | qui | toutes | cho ses | ont | été | fai tes, et qui, vous | é tant | in car né | pour nous | dans | la | plé ni tu de | du temps, a vez | ins ti tué | cet | auguste | Sa cri fi ce, nous | vous | remer ci ons | très-hum ble ment | de ce | que | vous | nous | a vez | fait la | grâ ce | d'y | as sis ter | aujourd'hui | pour | en | re ce voir | les sa lu tai res | ef fets. Que | tous les | An ges | et | tous | les | Saints vous | en | louent | dans | le | ciel, et que | nous | com men ci ons | nousmê mes | à | vous | bé nir | sur | la ter re, en | nous | con dui sant

d'u ne | ma niè re | di gne | de | vous dans | le | cou rant | de | cet te | jour‑
née.

ABRÉGÉ

DE LA DOCTRINE CHRÉTIENNE.

Il n'y a qu'un seul Dieu, cré a‑
teur du ciel et de la ter re, et sou‑
ve rain Sei gneur de tou tes cho‑
ses. Il n'a ja mais eu de com men‑
ce ment et il n'au ra ja mais de fin.
On ne peut le voir, mais sa pré‑
sen ce in vi si ble est par tout. Sa
puis san ce et sa bon té sont in fi‑
nies; il voit tout, il con naît tout,

il sait tout ce qui se pas se dans nos cœurs. C'est sa bon té qui nous don ne les biens dont nous jou is sons ; tout ce qui com po se la na tu re est son ou vra ge, et il nous a per mis de nous en ser vir pour no tre exis ten ce et nos be soins.

Quoi qu'il ne puis se y a voir qu'un seul Dieu, il y a né an moins trois per son nes en Dieu. C'est ce qu'on ap pel le le Mys tè re de la Sain te Tri ni té. Ces trois per son nes sont le Pè re, le Fils et le Saint-Es prit.

Au tre est la per son ne du Pè re, au tre est la per son ne du Fils, au tre est la per son ne du Saint-

Es prit. Mais el les ne peu vent ê tre sé pa rées, par ce qu'el les n'ont tou tes trois que la mê me na tu re, la mê me vo lon té et les mê mes per fec ti ons.

Dieu a fait le mon de de rien, par sa pa ro le et sa vo lon té et pour sa gloi re. Ayant cré é en six jours le ciel, la ter re, le so leil, la lu ne, les é toi les, tou tes les plan-tes et tous les a ni maux, il cré a l'hom me à son i ma ge et à sa res sem blan ce, le nom ma Adam, et lui don na pour com pa gne la pre miè re fem me, qui fut nom-mée È ve.

Dieu a vait cré é aus si de purs

es prits ; mais quel ques-uns d'entr'eux se ré vol tè rent con tre lui par or gueil, et il les pré ci pi ta dans l'en fer et le feu éter nel. Ces es prits dé chus sont les dé mons, qui s'oc cu pent à ten ter les hommes. Les au tres sont res tés soumis à Dieu, ce sont les An ges, et ils ha bi tent le ciel. Cha que enfant, en nais sant, est mis sous la pro tec ti on d'un de ces An ges qu'on ap pel le l'An ge Gar dien. Il faut bien pren dre gar de d'af fliger son bon An ge.

Dieu a yant pla cé le pre mier hom me et la pre miè re fem me dans le Pa ra dis ter res tre, qui é tait un jar din dé li ci eux, il leur per mit de man ger tou tes sor tes de fruits, hors un seul au quel il leur dé fen dit de tou cher. Mais A dam et È ve a yant dé so bé i à Dieu, ils fu rent chas sés de ce lieu de dé li ces; ils per di rent la grâ ce de Dieu et de vin rent cap tifs du dé mon, su jets à la mort, à tou tes les in com mo di tés du corps, et, de plus, à l'i gno ran ce et au pé ché, qui est le plus grand de tous les maux.

Le pé ché que nos pre miers pa rents ont com mis par leur dé so bé is san ce se nom me pé ché o ri gi nel, par ce que nous le con trac tons en nais sant.

Si Adam n'eût point pé ché nous se rions ve nus au mon de a vec un es prit é clai ré et or né de plu sieurs con nais san ces ; nous n'au rions con nu au cu ne des souf fran ces de cet te vie. C'est donc u ne cho se bien hor ri ble que le pé ché, puis qu'il nous pri- ve de si grands a van ta ges, et nous li vre à la dam na tion é ter- nel le.

Dieu vou lant ex er cer sa mi- sé ri cor de en vers les hom mes, per mit que l'u ne des per son nes de la Sain te Tri ni té, qui est le Fils, prît un corps dans le sein de la Sain te Vier ge, et qu'il souf frît pour nous, en s'offrant à son Père à notre place, comme une victime, afin de nous délivrer de la puissance du démon et des peines que nous avions méritées.

Le Fils de Dieu est aussi puissant que le Père et le Saint-Esprit; il n'est pas moins Dieu que ces deux personnes de la Sainte Trinité; mais lui seul a pris un corps et s'est fait homme sans cesser d'être Dieu. C'est afin de nous assurer la vie éternelle que le Fils de Dieu, qui se nomme Jésus-Christ, a voulu être Dieu et homme tout ensemble.

Par l'opération du Saint-Esprit, la **Très Sain te Vier ge Ma rie** con çut **No tre-Sei gneur Jé sus-Christ** sans ces ser d'ê tre vier ge. Il vint au mon de dans u ne é ta ble à **Beth lé em**, la nuit de **No ël**, il y a plus de dix-huit cents ans. Il a vé cu dans la pau vre té et l'hu mi li té pen dant en vi ron tren te-trois ans, don nant l'ex em ple de tou tes les ver tus. Il pré cha l'**É** van gi le et l'en sei gna à ses **A pô tres** qui étaient au nom bre de dou ze ; et il fit beau coup de mi ra cles pour fai re re con naî tre en lui le **Mes sic** qui a vait é té annon cé aux hom mes par les **Pro phè tes**, pour ê tre le **Ré-demp teur** du gen re hu main per du par le pé ché.

A fin d'ac com plir le Mys tè re de a Ré demp ti on, Jé sus-Christ mou rut sur la Croix, pour no tre sa lut, le jour du Ven dre di-Saint, et il res sus ci ta le jour de Pâ ques, le troi siè me jour a près sa mort. Il est mon té au ciel par sa pro pre puis san ce et sa vo lon té, le jour de l'As cen si on, qua ran te jours a près sa ré sur rec ti on. Il des cen dra du ciel sur la ter re quand la fin des temps se ra ve nue, pour ju ger les vi vants et les morts. Il don ne ra aux jus tes le ciel pour ré com pen se, et en ver ra aux en fers tous ceux qui n'au ront pas vou lu fai re pé ni tence de leurs pé chés. Dans ce nom bre se trou ve ront ceux qui au ront ju ré, qui au ront men ti, qui au ront pris le bien d'au trui, qui se se ront en i-vrés en bu vant a vec ex cès, ou qui se se ront li vrés à l'im pu re té et à la dé bau che. Le bon heur des É lus se ra é ter nel com me la pu ni ti on des mé chants.

L'É gli se est la ré u nion de tous les Fi dè les, sous la puis san ce spi ri tu el le d'un chef que l'on nom me Pape. L'É gl ise est Ca tho li que et Apos to li que : on l'ap pel le Ca tho li que par ce qu'el le est u ni ver sel le, et A pos to li que à cau se de son o ri gi ne qui vient des A pô tres.

Le Pa pe est le suc ces seur de saint Pier re et le vi cai re de Jésus-

Christ. C'est No tre-Sei gneur Jé-sus-Christ qui a ins ti tué l'au to ri-té de l'É gli se en nous or don nant d'o bé ir à ses Com man de ments. Nous de vons con si dé rer l'É gli se com me no tre mè re, lui ê tre sou-mis et la res pec ter : hors de son sein il n'y a pas de sa lut. Tous les Chré-tiens qui pro fes sent la vé ri ta ble re li gi on sont ses en fants.

Les Saints qui ha bi tent le ciel sont aus si une par tie in sé pa ra ble de l'É gli se; on doit les pri er et se met tre sous leur pro tec ti on; la cha ri té nous fait un de voir d'em-ploy er la prière, ain si que tou tes sor tes de bon nes œu vres, a fin d'être u ti le aux Fi dè les qui sont morts dans la foi, et qui a chè vent d'ex pi er, par leurs souf fran ces dans le Pur ga toi re, les fau tes qu'ils ont com mi ses pen dant leur vie.

Le Sym bo le des A pô tres qui com men ce par ces mots : Je crois en Dieu, con tient tou tes ces vé ri- tés. Nous de vons les croi re fer me- ment, puis que c'est Dieu lui-mê me qui les a ré vé lées, et qu'el les nous sont en sei gnées par l'É gli se, no- tre mè re et no tre gui de in fail li ble.

Mais il ne suf fit pas de croi re fer- me ment tou tes ces vé ri tés : on ne peut ê tre sau vé qu'en vi vant d'u ne ma niè re con for me aux pré- cep tes de l'É van gi le, dans l'ex er- ci ce des ver tus, la fui te du pé ché et l'ob ser va ti on des Com man de- ments de Dieu et de l'É gli se.

Le pre mier Com man de ment de Dieu nous o bli ge de l'ai mer et de n'a do rer que lui seul, et d'ai mer le pro chain com me nous-mêmes; — le se cond nous dé fend de pro fa ner son saint nom par les ju rements; — le troi siè me nous or don ne de sanc- ti fi er le Di man che; — le qua tri è- me nous or don ne d'ho no rer nos pè res et nos mè res; le cin qui è me nous dé fend de tu er et de fai re mal à per son ne; — le si xiè me dé fend tou te im pu re té; — le sep ti è me dé fend de pren dre le bien d'au trui; — le hui tiè me dé fend de por ter faux-té moi gna ge; — le neu viè me dé fend tous les mau vais dé sirs et les pen sées dés hon nê tes; — le di-xiè me la con voi ti se du bien des au tres.

Le pre mier Com man de ment de l'É gli se or don ne la sanc ti fi ca-ti on des Fê tes et du Di man che; — le se cond, d'as sis ter à la Mes se les Di man ches et Fê tes; — le troi-siè me, de se con fes ser au moins une fois l'an; — le qua triè me, de com mu ni er au moins une fois l'an; — le cin quiè me, de jeû ner les

Quatre-Temps, les Vigiles et tout le Carême; — le sixième, de s'abstenir de manger gras les vendredis et samedis.

Mais comme la grâce de Dieu nous est absolument nécessaire pour pratiquer la vertu et suivre ses Commandements, nous devons prier Dieu souvent et réciter cette prière : Notre Père, etc., qui nous a été enseignée par Notre-Seigneur lui-même, en y joignant : Je vous salue, Marie, ce sont les paroles adressées par l'Ange Gabriel à la Sainte Vierge. Ces deux prières sont les plus efficaces. Nous pouvons aussi nous adresser aux

Saints et leur de man der leur in ter-
ces si on.

Les Sa cre ments sont la sour ce
de tou tes les grâ ces spi ri tu el les.
Il y en a sept, sa voir : le Bap tê me,
la Con fir ma ti on, la Pé ni ten ce,
l'Eu cha ris tie, l'Ex trê me-Onc-
ti on, l'Or dre et le Ma ria ge.

Ils ont é té ins ti tu és par No tre-
Sei gneur Jé sus-Christ pour nous
sanc ti fi er, en nous fai sant par ti-
ci per aux mé ri tes de ses souf fran-
ces et de sa mort.

Le pre mier et le plus in dis pen-
sa ble des Sa cre ments, est le Bap-
tê me qui nous a fait Chré tiens, et

sans le quel nous ne pou vons ê tre sau vés.

Le se cond est le Sa cre ment de Pé ni ten ce, qui re met les pé chés com mis a près le Bap tê me, pour vu que l'on se con fes se de tous ses péchés a vec un grand re gret d'a voir of fen sé Dieu, et en for mant la réso lu ti on de ne les plus com met tre.

Le troi siè me est l'Eu cha ris tie, qui est le Sa cre ment par ex cel lence, puis qu'il con tient le corps, le sang, l'â me et la di vi ni té de N. S. Jé sus-Christ tout en tier.

Il y a aus si trois ver tus in dispen sa bles aux Chré tiens, ce sont : la Foi, l'Es pé ran ce et la Cha ri té.

On les nom me Thé o lo ga les par- ce qu'el les regar dent Dieu im mé- dia te ment. C'est Dieu que l'on croit par la Foi, que l'on es pè re par l'Es- pé ran ce, et que l'on ai me par la Cha ri té.

LE TRAVAIL.

(CONTE).

Il y avait un enfant tout petit, car s'il avait été plus grand, j'ose croire qu'il eut été plus sage : mais il n'était guère plus haut que cette table. Sa maman l'envoya un jour à l'école. Le temps était fort beau, le soleil brillait sans nuages; et les oiseaux chantaient sur les buissons. Le petit garçon aurait mieux aimé courir dans les champs que d'aller se renfermer avec ses livres. Il demanda à la jeune fille qui le conduisait, si elle voulait jouer avec lui;

mais elle lui répondit : mon ami, j'ai autre chose à faire que de jouer. Lorsque je vous aurai conduit à l'école, il faudra que j'aille à l'autre bout du village, chercher de la laine à filer pour ma mère; autrement elle resterait sans travailler, et elle n'aurait pas d'argent pour acheter du pain.

Un moment après il vit une abeille qui voltigeait d'une fleur à l'autre. Il dit à la jeune fille : J'aurais bien envie d'aller jouer avec l'abeille. Mais elle lui répondit que l'abeille avait autre chose à faire que de jouer, qu'elle était occupée à voler de fleur en fleur pour y ramasser de quoi faire son miel; et l'abeille s'en retourna vers sa ruche.

Alors il vint à passer un chien, dont le corps était couvert de grandes taches rousses. Le petit garçon aurait bien voulu jouer avec lui. Mais un chasseur qui était près de là se mit à siffler; aussitôt le chien courut vers son maître, et le suivit dans les champs. Il ne tarda guère à faire lever une perdrix, que le chasseur tua d'un coup de fusil, pour son dîner.

Le petit garçon continua son chemin, et il vit au pied d'une haie un petit oiseau qui sautillait légèrement : Le voilà qui joue tout seul, dit-il, il sera peut-être bien aise que j'aille jouer avec lui. Oh! pour cela non, répondit la jeune fille; cet oiseau a bien autre chose à faire que de jouer. Il faut qu'il ramasse de tous côtés de la paille, de la laine et de la mousse, pour construire son nid. En effet, au même instant l'oiseau s'envola, tenant à son bec un grand brin de paille qu'il venait de trouver; et il alla se percher sur un grand arbre, où il avait commencé à bâtir son nid dans le feuillage.

Enfin le petit garçon rencontra un cheval au bord d'une prairie. Il voulut aller jouer avec lui; mais il vint un laboureur qui emmena le cheval, en disant au petit garçon : Mon cheval a bien autre chose à faire que de jouer avec vous, mon enfant. Il faut qu'il vienne m'aider à labourer mes terres; autrement le blé ne pourrait pas y venir, et nous n'aurions pas de pain.

Alors le petit garçon se mit à réfléchir;

et Il se dit bientôt à lui-même : Tout ce que je viens de voir a autre chose à faire que de jouer; il faut que j'aie aussi à faire quelque chose de mieux. Je vais aller tout droit à l'école, et apprendre mes leçons. Il alla tout droit à l'école, apprit ses leçons à merveille, et reçut les louanges de son maître. Ce n'est pas tout : son papa, qui en fut instruit, lui donna le lendemain un grand cheval de bois, pour le récompenser d'avoir eu tant d'application.

Je vous demande à présent si le petit garçon fut bien aise de n'avoir pas perdu son temps à jouer.

COMMANDEMENTS DE DIEU.

1. Un seul Dieu tu adoreras,
   Et aimeras parfaitement :
2. Dieu en vain tu ne jureras,
   Ni autre chose pareillement :
3. Les dimanches tu garderas
   En servant Dieu dévotement :
4. Tes père et mère honoreras,
   Afin de vivre longuement :
5. Homicide point ne seras,
   De fait ni volontairement :
6. Luxurieux point ne seras,
   De corps ni de consentement :
7. Le bien d'autrui tu ne prendras,
   Ni retiendras à ton escient.
8. Faux-témoignage ne diras,
   Ni mentiras aucunement :
9. L'œuvre de chair ne désireras,
   Qu'en mariage seulement :
10. Biens d'autrui ne convoiteras,
    Pour les avoir injustement.

Les Commandements de l'Église.

1. Les Fêtes tu sanctifieras,
   Qui te sont de commandement :
2. Les Dimanches Messe ouïras,
   Et les Fêtes pareillement :
3. Tous tes péchés confesseras,
   A tout le moins une fois l'an :
4. Ton Créateur tu recevras,
   Au moins à Pâques humblement :
5. Quatre-Temps, Vigiles jeûneras,
   Et le Carême entièrement :
6. Vendredi chair ne mangeras,
   Ni le Samedi mêmement.

MONTMIRAIL. — Imp. de BRODARD.

ON SOUSCRIT A PARIS:

Chez MM. BOULÉ et Cᵉ, éditeurs, rue Coq-Héron, 3;

Chez MM. { PILOUT et Cᵉ, libraires, rue de la Monnaie, 24;
MARTINON, libraire, rue du Coq-Saint-Honoré, 4;
DUTERTRE, libraire, passage Bourg-l'Abbé;

Et chez tous les libraires de Paris et des départemens.

—

1843

www.ingramcontent.com/pod-product-compliance
Lightning Source LLC
Chambersburg PA
CBHW070246100426
42743CB00011B/2151